Voltar a viver...
após a morte de um ente querido

COLEÇÃO PENSAR POSITIVO

Adeus à insônia e... ZZZZZZZ – Rosalba Hernández
Afaste-os das drogas com jogos criativos – Adriana Gómez Clark
Bebês felizes com exercícios, jogos e massagens –
  Clara Maria Muñoz Gómez
Boas razões para deixar de fumar –
  María del Rosario Herrera Ardila
Como superar as perdas na vida – María Mercedes P. de Beltrán
*Crises conjugais: explore uma nova forma saudável de
  superá-las, consolidando o verdadeiro amor...* –
  Olga Susana Otero Agudelo
Desenvolva sua inteligência emocional e tenha sucesso na vida –
  María Mercedes P. de Beltrán
Desperte a inteligência emocional das crianças –
  Annie Rehbein de Acevedo
Disciplina sim, mas com amor – Annie Rehbein de Acevedo
Encontre as forças do amor familiar e... viva-as –
  Gloria Luz Cano Martinez
Gotas de ânimo para descobrir as coisas simples da vida –
  Margot Vélez de Pava
Pensar positivo: mude o disco de sua mente –
  María Mercedes P. de Beltrán
Posso aprender antes de nascer – Myriam Silva Gil
Preocupe-se menos... e viva mais! –
  María Mercedes P. de Beltrán
Separação saudável, filhos estáveis – Annie Rehbein de Acevedo
Ser feliz! A decisão é sua – María Mercedes P. de Beltrán
Sou adolescente... entenda-me! – Ângela Marulanda Gómez
Vença a timidez com sucesso – Dora Salive e Núbia Díaz
Você pode sair desta crise – María Mercedes P. de Beltrán
Voltar a viver... após a morte de um ente querido –
  Claudia Beltrán Ruget

Claudia Beltrán Ruget

Voltar a viver...
após a morte de um ente querido

*Palavras de apoio para facilitar
a recuperação emocional e afetiva
em decorrência da perda de alguém*

Dados Internacionais de Catalogação na Publicação (CIP)
(Câmara Brasileira do Livro, SP, Brasil)

Beltrán Ruget, Claudia
    Voltar a viver – após a morte de um ente querido / Claudia Beltrán Ruget ; [tradução Gilmar Saint'Clair Ribeiro , Ilustrações Vasqs]. – 2. ed. – São Paulo : Paulinas, 2013. – (Coleção Pensar positivo)

    Título original: Volver a vivir tras la muerte de un ser querido.
    ISBN 978-85-356-3539-3
    ISBN 958-939-890-1 (ed. original)

    1. Morte – Aspectos psicológicos   2. Perda (Psicologia)   3. Pensar   I. Vasqs.
II. Título   III. Série.

13-05368   CDD-155.937

Índice para catálogo sistemático:
1. Morte : Aspectos psicológicos   155.937

Título original da obra: *Volver a vivir... tras la muerte de un ser querido*
© A Uno A Editores, Bogotá, 2002.

2ª edição – 2013

Direção-geral: *Flávia Reginatto*
Editora responsável: *Celina H. Weschenfelder*
Auxiliar de edição: *Alessandra Biral*
Tradução: *Gilmar Saint'Clair Ribeiro*
Copidesque: *Cristina Paixão Lopes*
Coordenação de revisão: *Andréia Schweitzer*
Revisão: *Patrizia Zagni e Ana Cecilia Mari*
Direção de arte: *Irma Cipriani*
Gerente de produção: *Felício Calegaro Neto*
Projeto gráfico e capa: *Telma Custódio*
Ilustrações: *Vasqs*

Nenhuma parte desta obra pode ser reproduzida ou transmitida por qualquer forma e/ou quaisquer meios (eletrônico ou mecânico, incluindo fotocópia e gravação) ou arquivada em qualquer sistema ou banco de dados sem permissão escrita da Editora. Direitos reservados.

Paulinas
Rua Dona Inácia Uchoa, 62
04110-020 – São Paulo – SP (Brasil)
Tel.: (11) 2125-3500
http://www.paulinas.org.br – editora@paulinas.com.br
Telemarketing e SAC: 0800-7010081
© Pia Sociedade Filhas de São Paulo – São Paulo, 2005

Se me amas,
não chores por mim

Se conhecesses o dom de Deus e o que é o céu e se pudesses ouvir o cântico dos anjos e ver-me no meio deles, não chorarias mais por mim.

Se pudesses ver desdobrarem-se diante dos teus olhos os horizontes, os campos e os novos caminhos que eu percorro, não chorarias por mim.

Como? Tu que me viste e me amaste no país das sombras não te resignas a ver-me e amar-me no país das realidades imutáveis? Se me amas, não chores por mim.

Crê-me que, quando a morte vier romper tuas correntes, como quebrou as que me acorrentavam, quando chegar o dia, que Deus designa e conhece, e tua alma vier a este céu onde te precedi, nesse dia, voltarás a ver-me e sentirás que continuo te amando, que te amei e encontrarás meu coração com todas as tuas ternuras purificadas. Voltarás a ver-me em transfiguração, em êxtase, feliz, não esperando mais a morte, mas sim avançando contigo de mãos dadas pelos novos caminhos de luz e de vida, enxugarás teu pranto e não chorarás mais por mim, se me amas.

Santo Agostinho

Ao leitor

A perda de um ente querido é uma das experiências mais traumáticas que uma pessoa pode passar na vida. É provável que a dor seja tão intensa que muitas vezes parece que não passará, nem será possível voltar a viver sem a companhia do ente querido.

No entanto, conhecer mais sobre o que pode ou não auxiliar a aceitar essa perda facilitará a passagem por esse difícil caminho de angústia e desgaste tanto físico quanto emocional.

É importante permitir-se experimentar o sofrimento: sentir e expressar a angústia, o temor e a culpa à medida que vão se apresentando. Se esses sentimentos forem aceitos e vivenciados, ou seja, digeridos de modo natural, a ferida cicatrizará.

CAPÍTULO 1

O luto e as perdas
importantes na vida

Neste momento, talvez você tenha perdido um ente querido ou ainda ele esteja em fase terminal, e a morte é iminente. Em qualquer dos casos, certamente você se sente terrivelmente sozinho(a), incompreendido(a) e, além disso, prisioneiro(a) de uma tristeza infinita, acometido(a) de uma dor aguda que parece enlouquecê-lo(a).

Isso ocorre porque, para o ser humano, o luto é um processo lento e doloroso. No entanto, se você conseguir passar de modo satisfatório por suas etapas, a experiência não só será menos traumática, como também – mesmo que pareça estranho – lhe permitirá crescer e amadurecer a partir dessa dor.

Em primeiro lugar, é importante saber como os especialistas definem o luto:

- *Alguns afirmam que são todos os sentimentos, reações e mudanças que se apresentam enquanto a ferida pela perda de um ente querido está cicatrizando.*
- *Outros declaram que é uma reação natural e, ao mesmo tempo, um processo de adaptação, muito doloroso, que seguem as perdas importantes que sofremos na vida.*

Não importa se se trata de um urso de pelúcia que você adorava quando tinha 6 anos de idade ou do cachorrinho que foi atropelado. Apesar de serem objetos ou animais, eles tinham grande significado em sua vida. Isso é uma perda e, como tal, passível de ter sentido a mesma dor e angústia próprias de um luto.

Contudo, não se considera perda apenas a morte de uma mascote ou de um ente querido. É igualmente um sentimento de pesar o rompimento de uma relação muito estreita, seja por divórcio, seja por abandono. É mais. Os psicólogos avaliam que esse é o segundo tipo de perda mais importante que uma pessoa pode experimentar.

Também dói, angustia e gera luto: a invalidez após um acidente (pela perda da visão, de um braço ou de uma perna); a sujeição à mastectomia; um estupro ou a perda do emprego. Isso, porém, não é tudo: deixar de ter esperança em uma meta que você definiu para si mesmo(a), mudar de casa ou sofrer uma ruína econômica são consideradas perdas que geram sentimentos angustiantes.

CAPÍTULO 2

Aspectos que tornam o luto
menos doloroso

*A*lguma vez você já parou para pensar por que algumas pessoas se restabelecem com relativa facilidade depois da morte de um ente querido? Certamente, permitiram-se viver cada sentimento gerado pelo luto e conseguiram elaborá-lo a ponto de cicatrizar a ferida.

Existem quatro circunstâncias que determinam se o luto será mais ou menos traumático.

O tipo de perda

O luto pela morte de um filho ou do cônjuge é muito diferente daquele causado por ruína ou desemprego.

O grau de afetividade que se tinha com a pessoa

Era seu irmão, sua mãe, o cônjuge, um amigo muito próximo, um companheiro de escritório? O luto será mais ou menos doloroso dependendo do vínculo que os unia. A psicóloga Nancy O'Connor, autora do livro *Deixai-os ir com amor*, afirma que "quanto mais próxima tenha sido a relação com a pessoa que morreu, mais doloroso, complexo e prolongado será o processo de despedida".

As circunstâncias que cercaram a morte do ente querido

- Se a pessoa que você acaba de perder morreu de modo repentino ou acidental, sair do luto vai levar mais tempo, pois terá de enfrentar certas dificuldades para superá-lo. O elemento surpresa, o não acreditar no que aconteceu e a raiva ou a culpa, que serão mais profundas, o(a) acompanharão durante períodos mais longos.

- É possível que ocorra o contrário, caso você tenha tido a oportunidade de se preparar para a morte do ente querido. Se foi declarado um doente em fase terminal e você se tornou companhia constante e apoio sólido para ele durante esses momentos difíceis, o que lhe possibilitou dizer tudo o que sentia – as coisas boas e más –, lembrar situações felizes, perdoarem-se mutuamente, despedirem-se, com certeza você vai superar o luto mais rapidamente.

- Algo bem diferente acontece se o ente querido se suicidou. Talvez você esteja desconcertado(a) e até furioso(a), pensando que realmente não era tão importante para essa pessoa, já que ela se "foi" voluntariamente, levando-o(a) a pensar em não perdoá-la pelo fato de não ter confiado em você, nem lhe ter permitido que a ajudasse. Nesse caso, a culpa é o sentimento mais difícil de enfrentar: "Por que ela fez isso?"; "Foi por minha causa?"; "Por que não me dei conta do que estava acontecendo?". São algumas perguntas que você vai formular continuamente.

- Se a causa da morte foi homicídio, você também terá de vencer outras dificuldades. O desejo de vingar-se dos que o(a) mataram, a ansiedade de que se faça justiça rapidamente, a impotência gerada por você não ter possibilidade de evitar essa morte são sentimentos que exigem muito de sua parte e, se necessário, auxílio psicológico.

Sua personalidade e a maneira como enfrentou perdas durante a infância

Se você é daquelas pessoas para as quais "disfarçaram" a morte quando eram pequenas – para que não sofressem – ou tem uma personalidade tímida, desconfiada, depressiva ou insegura, terá de enfrentar mais dificuldades na elaboração do luto.

CAPÍTULO

3

Etapas do luto

- "Não é possível!"
- "É um pesadelo terrível."
- "Por que comigo?"
- "Não poderei continuar vivendo sem a sua companhia."
- "Essa dor vai me enlouquecer..."

*E*ssas frases lhe são familiares? Certamente, sim. Não se preocupe se uma ou outra vez você as repetiu. É normal! Você está passando por uma das três etapas, inteiramente naturais, de um processo de luto. Se quiser gritar, chorar ou ficar furioso(a), faça isso. Manifeste seus sentimentos!

Ter a impressão de ouvir a voz do ente querido ou sentir culpa por não lhe ter dito que o amava indicam que você está passando por uma das fases naturais do luto. Essas fases são muito relativas, pois cada pessoa sente o luto a seu modo. Talvez você "pule" alguma etapa ou as apresente trocadas. Não existem duas pessoas que vivenciem um luto de maneira completamente igual.

É provável, no entanto, que você identifique momentos que lhe indiquem que está vivendo alguma das etapas a seguir.

Negação da morte

Isso não pode ser! É a idéia que certamente passou muitas vezes por sua mente. Geralmente, esse período de "intumescimento", de negação, de incredulidade, é vivido durante as primeiras seis semanas após a morte.

De acordo com os psicólogos, esses sentimentos protegem a pessoa, como uma espécie de escudo, enquanto passa o tempo. Gradativamente, assimila o impacto do que aconteceu.

Um escudo protetor

Elsa, 28 anos de idade, lembra-se muito bem do que sentiu quando um amigo de seu esposo lhe telefonou para dar a notícia de que ele havia morrido em um acidente de trânsito.

"Simplesmente fiquei atônita. Ao contrário do que se poderia pensar, não chorei nem gritei. Na realidade, fiquei anestesiada psicologicamente, por isso não reagi. Só percebi a magnitude da minha tragédia quando o enterro foi realizado. Além disso, recusei-me a opinar a respeito do sepultamento dele."

Como Elsa, muitas pessoas não são capazes de tomar decisões sobre o ritual do funeral. Contudo, os psicólogos afirmam que:

- encarregar-se dos assuntos do funeral facilita a aceitação da realidade da morte;

- escolher a funerária, o caixão e o tipo de enterro mantém a pessoa ocupada, fato que colabora para que se conscientize da morte do ente querido.

O ato de tomar essas determinações, assim como participar ativamente de como e quando vai dar o adeus definitivo à pessoa, facilita a conscientização de que a morte do cônjuge, do filho, do irmão, da mãe ou de qualquer outra pessoa especial é uma realidade, auxiliando o início do processo de luto.

Prisioneiro de uma dor aguda

Literalmente, a pessoa sente uma punhalada no coração. Pensa que vai enlouquecer se continuar experimentando esse sentimento.

"Até quando vai doer tanto?" – pergunta. E a resposta vem em seguida: "Só estaria bem se ele (ou ela) voltasse a estar ao meu lado". Porém, conscientemente, sabe que isso não acontecerá...

A característica principal dessa fase é uma tristeza profunda, enfatizada por sensação de desamparo, presente nos fatos do dia a dia, como esperar uma ligação telefônica do cônjuge, que nunca chegará, ou manter o lugar à mesa, que o filho ou o pai deixou. Há os que começam a ouvir os passos, a voz, a sentir o cheiro e perceber a proximidade do ente querido. Alguns deixam intactos os objetos e a roupa, na esperança de que a pessoa volte. Ou, ao contrário, se desfazem de qualquer recordação rapidamente, com a ideia de que assim não sofrerão muito.

Depois do enterro, os dias voltam à rotina. O tempo deixa de ter um significado especial. Já não sabe, e também não importa, se é domingo ou quarta-feira. Comer, trabalhar, conversar são atividades realizadas automaticamente. Quando menos se espera (no supermercado, enquanto vê televisão ou faz algum trabalho) vem a recordação do ente querido: fica com um nó na garganta e se põe a chorar.

Permita que as lágrimas saiam e expresse toda a sua tristeza. De certa forma, isso alivia a dor.

Também é comum que os hábitos de alimentação e de sono mudem radicalmente. Deixar de comer por não sentir o sabor de nada, não conciliar o sono, despertar de repente de madrugada, ter pesadelos ou acordar completamente exausto(a) são fenômenos normais.

É importante não recorrer às drogas ou ao álcool para tentar disfarçar o que há por trás dessas alterações. Isto é, a dor.

Procure voltar à vida normal. Caso contrário, estará mais vulnerável a gripes, úlceras, mudanças na pressão arterial etc.

Durante essa etapa, é bem provável ser acometido(a) pela raiva, culpa ou depressão. Após atender a centenas de casos de luto, a psiquiatra Elisabeth Kübler-Ross concluiu que a maioria das pessoas que perdem um ente querido tem esses sentimentos (ou algum deles) durante o processo de luto.

A raiva

Esse sentimento pode se voltar contra:

- *você mesmo*(a): "Por que deixei meu filho sair de bicicleta naquela hora?";

- *Deus*: "Por que ele permitiu essa tragédia?";

- *os médicos*: "Não fizeram praticamente nada para salvá-lo"; "Por que me deram esperanças se sabiam que o câncer havia tomado conta dele(a)?;

- *os outros*: "Eles me acompanharam no cemitério e agora continuam vivendo como se nada tivesse acontecido"; "Ninguém entende o tamanho do meu sofrimento!"; "Por que comigo e não com eles?".

Os psicólogos aconselham, em primeiro lugar, que VOCÊ ADMITA para si mesmo(a) que está irritado(a). Dessa maneira, vai superar mais rapidamente esse sentimento e evitará cair na armadilha da amargura e do ressentimento.

Em segundo lugar, é importante que você FALE com alguém de confiança sobre essa raiva que sente – alguém que o(a) escute sem lhe fazer recriminações.

E, por último, que você EXTRAVASE de alguma forma seus sentimentos: faça ginástica aeróbica, dê murro em um travesseiro, rasgue papel etc.

A culpa

A culpa é outro sentimento presente no luto. Por exemplo, você não deixará de se perguntar:

- "Por que o tratei tão mal durante o último mês, por que não fui mais condescendente, mais carinhoso, mais compreensivo, mais...";

- "Por que não cheguei a tempo no hospital? Por que o deixei sem companhia, por que permiti que saísse tão tarde da noite?";

- "Por que não disse que o amava ou que o perdoava por ter perdido a paciência na última discussão...?".

Qualquer que seja o caso, desfaça-se o quanto antes de tantos "porquês" e dos "se eu tivesse...". De acordo com a doutora O'Connor, "o sentimento de culpa retardará sua cura. Mesmo que você esteja convencido(a) de que se enganou ou de que foi insensível, deve-se perdoar e continuar a sua vida".

A depressão

Atribuem-se à depressão a falta de esperança e a perda do desejo de continuar vivendo.

Talvez você tenha decidido afastar-se dos amigos e fechar-se em casa, porque nada lhe causa emoção ou alegria. Essas atitudes são normais diante da situação, porém é aconselhável que isso não se torne constante.

Aproveite esses momentos de solidão para fazer planos a curto prazo, ouvir música, ver fototografias, chorar...

No entanto, se a depressão continuar ou se acentuar, recorra à ajuda profissional.

Aceitação: recomeçando a viver

Essa é a etapa final do luto. Os hábitos alimentares e de sono voltam à normalidade. A dor é menor e você já não se lembra tão seguidamente do ente querido. Mas ainda experimenta certa tristeza, porém a sensação já não é tão forte. Mesmo que você não esteja consciente de sua recuperação, a sua vida está voltando à normalidade: desfrutar novamente as festas de Natal, os aniversários e os passeios, conhecer novas pessoas, viajar...

Isso não quer dizer que você tenha se esquecido da pessoa falecida. Simplesmente, já está consciente de que ela morreu e você continua vivo(a). Talvez se apaixone de novo ou tenha outro filho (caso seu luto tenha se originado da perda de um). Enfim, vai estar motivado(a) novamente para iniciar o enriquecimento pessoal. Vai sentir-se vivo(a) e feliz.

Seu luto terminou e você será uma nova pessoa: mais madura, mais confiante e mais preparada para enfrentar outras circunstâncias adversas.

CAPÍTULO 4

Luto em decorrência da morte de um filho

Se você acaba de perder um filho (não importa a idade), o luto será mais intenso, significativo, doloroso, longo de se processar, porém terminará. Disso você pode estar certo(a). Com o tempo, a angústia, a dor e o desespero vão passar, abrindo espaço para uma nova vida.

A doutora O'Connor sustenta que "mesmo que pareça insuportavelmente doloroso, também pode ser uma oportunidade para se conhecer melhor. Algumas vezes, os acontecimentos mais dolorosos na vida podem se transformar em lições que nos fazem progredir em nosso desenvolvimento como indivíduos e como família".

Você pode estar pensando: "superar o que sinto não será fácil". Os sentimentos são devastadores. O papel de amar, proteger e cuidar do filho lhe foi tirado. Porém, conhecer mais a respeito do tema vai lhe ajudar a tornar a dor mais suportável.

Em primeiro lugar, lembre-se de que você tem direito de expressar sua angústia e raiva. Procure pessoas que lhe permitam falar das circunstâncias nas quais seu filho morreu e da vida que levou.

Parece contraditório, mas é aconselhável nos primeiros dias falar do filho após a sua morte, pois isso ocasiona alívio para o sofrimento. Para a maioria dos pais, não conversar com as pessoas sobre o filho é muito mais doloroso que desabafar os sentimentos. Talvez os que estão próximos a você evitem falar de seu filho para não fazê-lo(a) sentir-se pior. Diga-lhes (se você sentir as coisas dessa maneira) que não quer apagar o nome de seu filho das conversas, em razão de ser uma necessidade urgente lembrar-se dele.

Há pais que até se sentem bem olhando as fotos familiares, os vídeos e os objetos da criança. Porém, gradualmente, vá se desfazendo da roupa e dos brinquedos. Dessa maneira, você vai perceber que realmente está se despedindo de seu filho.

Durante os primeiros meses, sua vida carecerá de sentido. Como pai, você estará desfeito por dentro. Esses sentimentos, aparentemente intoleráveis, são normais. Você está vivenciando um acontecimento horrível, porém, mesmo que lhe pareça impossível, continuará vivo. Também pode pensar que tudo aquilo que os outros lhe dizem é frívolo, estúpido, sem nenhum significado. "É a vontade de Deus", "Eu o entendo" ou "Você tem muita coragem" são expressões que lhe dão raiva, porque sabe que ninguém pode entender o que você sente.

Gradualmente, quase sem você perceber, a dor ficará menos intensa com o transcorrer dos meses. Os psicólogos consideram que depois de seis anos a pessoa ainda continua sentindo a perda. A recordação permanece, porém definitivamente a dor cessa.

Finalizado o processo de luto e cicatrizada a ferida, você vai perceber que suas perspectivas, seus valores e seu sistema de vida mudaram, levando-o a tornar-se mais tolerante e compassivo com as pessoas que têm dificuldades, enfim, uma pessoa melhor.

O que dizer ao pai que perdeu o filho

Evite frases feitas como:

- "Ele está melhor".

- "É a vontade de Deus".

- "Pelo menos você tem outros filhos".

- "Menos mal que não sofreu muito tempo".

- "Você é jovem, pode ter outros filhos".

- "Não se preocupe, com o tempo você vai se sentir melhor".

- "Entendo-o perfeitamente".

A verdade é que ninguém pode entender o que essa pessoa está sentindo. Prefira apenas lhe dar um abraço e dizer: "Meus pêsames". Mostre-lhe que realmente está com ela, mantendo-se em contato, interessando-se por suas coisas.

Se, por exemplo, você tiver uma relação muito próxima com a mãe, acompanhe-a ao mercado ou auxilie-a na arrumação da casa e no cuidado dos outros filhos quando ela quiser ficar sozinha. Qualquer apoio é muito mais valioso que palavras.

CAPÍTULO 5

Luto pela morte do cônjuge

Para os psicólogos, se o luto pela morte de um filho é um dos mais dolorosos, a perda do cônjuge é considerada um golpe psicológico grave.

Você viveu com o cônjuge o passado (durante o noivado), o presente (a relação conjugal, a qual sempre esteve cercada de pequenos ou grandes conflitos, de compromissos econômicos e de responsabilidades compartilhadas) e o futuro (que representava os projetos, os quais já não poderão ser compartilhados, portanto você

39

os assumirá sozinho[a] ou simplesmente cairão no esquecimento).

A psicóloga clínica Doris Jaramillo sustenta que a recuperação pela morte do cônjuge dependerá do grau de afeto ou, ao contrário, de conflito existente entre os dois, assim como das expectativas e da dependência mútua no momento da morte.

- **Se você teve uma relação conflitiva** com seu esposo ou esposa, certamente, depois de sua morte, virão à tona muitos complexos de culpa. Você se cobrará continuamente por não ter feito algo para que o casamento se tornasse mais feliz ou pensará que talvez ele(a) não tivesse sido tão mau, mas você nunca o(a) entendeu. Além disso, talvez não falte quem lhe diga: "Bom, pelo menos você descansou dele (ou dela)" ou "Deus quis que isso acontecesse para que você pudesse refazer sua vida". Esse tipo de consolo, em vez de favorecer seu estado de ânimo, confunde e invalida seu direito ao luto, quaisquer que tenham sido as circunstâncias que cercaram seu casamento.

- **Se sua relação era muito intensa e feliz**, a raiva diante do que aconteceu será a sua primeira sensação: "Deus, por que foste tão injusto comigo?" ou "Por que o(a) levaste de mim, se éramos tão felizes?". No entanto, como você não guarda rancor do ser amado e não tinham problemas graves, a perda será dolorosa, porém não traumática. Essa relação entre os cônjuges, forte e vital, contrária àquela caracterizada por graves incidentes, implica uma dificuldade maior para aceitar a realidade da perda. Consequentemente, será muito doloroso aceitar a viver sem a outra pessoa durante os primeiros meses e, muito mais ainda, pensar que no futuro terá uma relação com alguém.

No entanto, depois de um ano, aproximadamente, suas expectativas serão mais claras, levando-o(a) a aceitar a perda e voltar a ter controle sobre sua vida. Será capaz de tomar decisões, e a imagem idílica do cônjuge se esvaecerá lentamente. Recordará que seu esposo ou esposa tinha virtudes, assim como defeitos. Então, começará uma nova vida.

Como superar o luto pela morte do cônjuge

- Não oculte sua dor procurando evitar o sofrimento dos filhos. Isso não só impedirá que eles vivam o próprio luto, como também lhe causará mais angústia por tolher seus sentimentos de tristeza e raiva.

- Dê um tempo a si mesmo(a) antes de tomar qualquer decisão. O casamento também traz consigo múltiplas responsabilidades jurídicas, sociais e econômicas. Assim, não acrescente à sua dor a preocupação com qualquer outro tipo de problema, como heranças ou trâmites decorrentes de seu novo estado civil.

- É aconselhável ficar acompanhado(a) o maior tempo possível. O fato de você ter compartilhado com a pessoa falecida o mesmo espaço tornará muito mais difícil acostumar-se com a sua ausência. Por isso, convém você se reunir com parentes e/ou amigos.

Lembrar os momentos felizes que compartilharam, olhar fotografias, observar seus pertences e ler as cartas de amor escritas no passado constitui uma terapia indicada para aceitar sua nova condição.

- Nunca procure "repor" o ser amado o mais rápido possível, como uma forma de abrandar a dor e a solidão. Convém pensar nisso quando tiver completado o processo de luto.

CAPÍTULO 6
O processo de luto nas crianças

*E*ste capítulo ajudará você a proporcionar consolo e apoio emocional a uma criança que tenha perdido os pais, os avós, um irmãozinho ou alguém muito especial em sua vida.

Muitas pessoas consideram difícil explicar a uma criança o que é a morte, porém ela necessita de auxílio para se sair bem do processo de luto.

Como dissemos no primeiro capítulo, o simples fato de perder a boneca preferida ou a mascote é considerado, em si mesmo, uma perda emocional. Saber enfrentá-la é vital para crescer, amadurecer e preparar-se para perdas maiores.

Um dos erros mais comuns dos adultos é evitar falar sobre a morte diante das crianças. São utilizados eufemismos como "descansou", "adormeceu", "saiu de viagem", mas quase nunca "morreu". Lembre-se de que é vital para elas saberem o que significa a morte, pois desse fator também depende que, ao sofrer alguma perda na idade adulta, o luto seja menos traumático.

Aproveite qualquer ocasião para lhe explicar o significado de morte:

- Ao mostrar uma planta murcha ou um passarinho morto; ao perder o ursinho de pelúcia preferido. Deixe claro que nada nem ninguém voltam da morte.

- Leve-a ao sepultamento de uma pessoa próxima. Como aos adultos, isso lhe permitirá enfrentar a realidade e elaborar o luto.

- Diga-lhe que entende sua tristeza e deixe que ela expresse os sentimentos livremente.

O conceito de morte varia de acordo com a idade. Dessa forma, as crianças têm diferentes ideias sobre esse acontecimento. Leve-as em consideração, para entender a reação dos pequenos.

Em seu livro sobre o luto, Kübler-Ross indica que, até os 3 anos de idade, o único fato que preocupa uma criança é a separação, seguida, mais tarde, pelo medo da mutilação. É nessa idade que começa a sair para "o mundo", correr de triciclo pelas calçadas... Nesse ambiente, pode presenciar um automóvel atropelando um animalzinho querido. E, desse ato, começa a depreender o significado de mutilação.

Em idade pré-escolar, a criança acredita que a morte é causada por um monstro que vem buscar as pessoas. Também a considera como um longo sono, do qual se pode despertar.

Entre 6 e 10 anos de idade, ainda é como uma fantasia, algo irreal. A criança está certa de que "papai vai voltar". Porém, diante desse acontecimento misterioso, ela também sente culpa, pois pensa que por suas "más" ações papai e mamãe partiram sem se despedir. A partir dos 10 anos, a criança entende que a morte é natural e irreversível para as pessoas e animais.

Como ocorre com adultos, ela passa pelas mesmas etapas e sentimentos, que constituem o processo do luto. No entanto, a preocupação talvez seja o aspecto mais significativo. Frases como as seguintes são muito comuns:

- "Quem vai me ajudar a fazer as lições de casa?"

- "Quem vai comprar minha bicicleta no Natal?"

- "Como vai ser minha vida de agora em diante?"

As crianças reagem de modos diversos diante da morte do pai e da mãe. Enquanto algumas se isolam totalmente, outras choram e gritam. Umas, de forma tranquila, afirmam que "nas próximas férias mamãe voltará" ou guardam em segredo uma bolacha para o pai, convencidas de que na viagem ao céu ele vai sentir fome. Seja qual for a reação delas, respeite cada palavra, cada gesto.

Permita que a criança manifeste tudo o que sente, escute-a com atenção, abrace-a nos momentos de pranto, acompanhe-a durante a noite...

Caso contrário, as sequelas serão não apenas passageiras, como doenças, falta de apetite, diminuição do rendimento escolar, agressividade ou rebeldia, mas permanentes na estrutura emocional, dificultando a superação de obstáculos, que certamente ela encontrará em sua existência.

CAPÍTULO 7

Dicas para a elaboração do luto

*T*alvez lhe pareça estranha a necessidade de o luto (caracterizado por emoções, sentimentos e contradições muito individuais) ser elaborado sob parâmetros predeterminados por outras pessoas. No entanto, pesquisas, estudos, testemunhos e entrevistas, realizados por profissionais sérios em todo o mundo, chegaram a duas conclusões:

- é benéfico a todos contar com certa orientação para elaborar esse doloroso processo de modo adequado;

- há quatro etapas necessárias para que a pessoa se refaça e retome sua vida.

Se uma dessas etapas não for superada, detendo-se em alguma, é possível que ao longo de sua vida surjam graves problemas, tanto físicos quanto psicológicos: depressões agudas, doenças físicas crônicas, consumo excessivo de tranquilizantes ou de álcool, auto estima baixa, falta absoluta de confiança em si mesmo(a). Nesse momento, é aconselhável recorrer à ajuda profissional.

Quatro fases para vencer o processo de luto

Aceitar a realidade da morte

- Essa é a fase mais difícil. É necessário entender que você jamais voltará a ver seu ente querido.

- Confronte-se com o fato de que não pode nem deve delegar a outros as decisões, especialmente em relação ao sepultamento. Lembre-se de que essa tarefa o(a) ajudará a enfrentar a realidade.

- Não deixe passar muito tempo para se desfazer gradualmente dos pertences de seu filho, esposo ou pai. Por exemplo, deixar o quarto como estava apenas "rouba" o tempo de você se conscientizar de que, nesse aspecto de sua vida, nada voltará a ser como antes.

Evitar os sofismas

Certamente, durante o processo que você está vivendo, não faltou quem o(a) aconselhasse (ou talvez você

mesmo[a] tenha pensado nisso) a mudar de casa, trabalhar 20 horas por dia, sair da cidade ou viajar para o exterior, correr para conhecer pessoas novas, recorrer ao álcool ou aos tranquilizantes...

Todos esses "métodos" para dissipar a dor aguda da separação evitarão que você traga à tona os sentimentos de tristeza. Dessa maneira, você não poderá se libertar de forma sadia do sofrimento da perda. Geralmente, essas mudanças são impulsivas e costumam ser lamentadas mais tarde. Deixe o tempo passar e verá que pode tomar decisões de modo mais maduro e razoável.

Aprender a viver sem a companhia de quem faleceu

Embora o tempo seja relativo, essa fase começará a se apresentar por volta dos 3 meses após o decesso. Nela, você deverá aceitar o fato de que pode viver sem a pessoa falecida. Desfaça o lugar dela da mesa, evite ocupar só o "seu" lado da cama (no caso de um casal), acostume-se a realizar atividades que antes eram compartilhadas, tome decisões mesmo que aparentemente pareçam assuntos difíceis, empreenda uma nova atividade...

Se você não superar essa etapa, provavelmente não conseguirá aceitar a perda e reforçará condutas de insegurança, sentindo-se inútil diante dos desafios.

Estabelecer novas relações

Nos casos de viuvez, é mais difícil conseguir isso, pois muitos homens e mulheres consideram que estão sendo desleais e até infiéis à memória do cônjuge e se negam a possibilidade de voltar a amar e ser amados. Para alguns, a perda é tão dolorosa, que acreditam que sua vida parou quando ocorreu o decesso.

É importante ter em mente que o luto é um processo de mudança e a morte determina o encerramento de uma vida, mas não o de uma relação.

Fatores que determinam a superação do luto

A rapidez ou lentidão da recuperação psicológica e física do luto depende de várias circunstâncias:

Nesse momento – em que você perdeu uma pessoa querida –, você tem alguém forte que o(a) apoie?

Um bom acompanhante, nesse processo, ajudará você a superar a dor com mais firmeza e tranquilidade. Em contrapartida, se alguém ao seu lado estiver dizendo continuamente: "Não seja bobo(a), não chore mais, você tem toda uma vida pela frente...", com certeza lhe está obrigando a reprimir as manifestações de dor.

Que grau de afetividade mantinha com a pessoa falecida?

Um processo de luto pode correr o risco de não se resolver de forma adequada se você era muito dependente da pessoa que morreu. Mesmo nos detalhes cotidianos (como levar o carro ao mecânico ou consultar o pediatra das crianças), é necessário que você confie em si mesmo(a) e aprenda a se virar sozinho(a).

Como você vê a morte?

Se você enxerga a morte como uma espécie de castigo, certamente terá mais dificuldade de enfrentar o luto. Ao contrário, se a considera um processo natural da vida, isso o(a) ajudará a elaborá-lo mais facilmente.

Eram muitos os hábitos compartilhados com o ente querido?

Se você compartilhava com a pessoa morta um número significativo de atividades sociais, econômicas e culturais, o processo do luto ser tornará muito mais difícil. Quando a relação é puramente sentimental, o tempo de cada etapa diminui.

Você se deu tempo para assimilar a perda?

O ato de desfrutar a possibilidade de estar tranquilo(a) após o funeral, falar, lembrar e pensar nas atividades futuras lhe permitirá viver cada uma das etapas características do luto.

Se, por exemplo, com a morte dessa pessoa você tiver perdido sua estabilidade econômica, é importante retomar suas atividades e assumir novas e grandes responsabilidades. Postas as coisas dessa maneira, você terá menos tempo para enfrentar a realidade da perda e viver o luto, o que pode alterar o processo.

Como é sua personalidade?

Quanto mais fortes forem seu caráter e sua capacidade de expressar tudo o que sente, mais possibilidades você terá de sair-se bem desse golpe. Porém, se não tem confiança em si mesmo(a) ou sempre procura reprimir suas lágrimas ou outras demonstrações de dor, o processo pode demorar.

Como está sua saúde física?

Se você deixou de comer ou tem dificuldade para dormir, inevitavelmente acrescentará ao luto doenças e alterações que podem agravar-se com o tempo.

O luto não está sendo enfrentado da melhor maneira quando:

1. os sentimentos que caracterizam esse processo são reprimidos: tristeza, culpa, raiva, angústia, arrependimento, desespero...;

2. a pessoa se nega a aceitar o que aconteceu, mesmo várias semanas após a morte;

3. a pessoa dolente "ficou" no passado, lembrando, "vivendo" mentalmente a relação que compartilhava com o ente querido. Nesse ponto, também cabe o apego excessivo a determinado objeto, substituindo, dessa maneira, a pessoa morta;

4. as reações de dor são extremas, e os sentimentos de ira e culpa persistem por muito tempo;

5. há manifestação de mudanças acentuadas ou graduais na saúde, como surgimento de doenças psicossomáticas: depressão prolongada, agitação, insônia ou falta de ânimo;

6. a pessoa passa a levar um ritmo de vida frenético, acelerado, com atividades tanto dentro como fora de casa, sem demonstrar a sensação de perda.

Sugestões para superar um processo de luto mal resolvido

Se você tem consciência de que está muito difícil superar o luto:

1. procure uma pessoa (amigo, padre, psicólogo) a quem possa expressar tudo o que está sentindo;

2. por algum tempo, evite os passeios, festas e reuniões, pois nessas ocasiões você estará apenas disfarçando sua dor;

3. visite o túmulo da pessoa amada e diga-lhe o que sente ou escreva uma carta de despedida na qual lhe conte seus sentimentos de tristeza, dor, culpa, raiva... Vale também marcar uma missa ou fazer uma oração;

4. envolva-se em atividades construtivas: procure ser voluntário(a) em alguma entidade social, faça planos para iniciar um pequeno negócio ou matricule-se em algum curso que sempre quis fazer. Inclua também pintura, poesia, música e artes plásticas, como alternativas para dissipar a dor de modo sadio.

CAPÍTULO

8

O crescimento
a partir do luto

No processo do luto, é possível descobrir aspectos pessoais que nos conduzem ao enriquecimento como seres humanos, os quais, antes da morte do ente querido, permaneciam ocultos para nós mesmos.

As experiências traumáticas e dolorosas decorrentes das perdas são um elemento de transformação, ao qual as pessoas que não veem a morte como um castigo ou o fim da vida atingem com mais facilidade. Quando há possibilidade de extrair o positivo do processo, é possível crescer a partir do luto.

Este exemplo diz muito:

Como é possível crescer

Teresa, 38 anos, casou-se muito jovem. Seus filhos já estavam vivendo quase "fora do ninho". Como era insegura e incapaz de tomar decisões, temia só em pensar como seria sua vida se algum dia o esposo não estivesse presente para lhe dizer o que devia fazer. Entretanto, ela não tentou mudar e convenceu-se de que era mesmo daquele jeito.

De repente, seu marido faleceu e ela teve de enfrentar a dura realidade: procurar um trabalho para se manter, tomar decisões e realizar atividades simples em casa, como consertar uma torneira. Em outras palavras, era sua responsabilidade continuar vivendo sem ele...

Teresa enfrentou essas situações e saiu-se bem no processo. Seu crescimento: obteve segurança e confiança para o resto de sua vida.

Há, nesse caso, uma sensação de ganho e de expansão, em vez de um sentimento de perda. Para crescer a partir da dor, é fundamental lembrar com alegria do ente querido e viver o passado sem amarguras. Dessa maneira, é possível se sentir mais forte e mais capaz, ao mesmo tempo que se abrem novas possibilidades de se relacionar com outras pessoas e de adquirir mais confiança para a vida.

Nesse processo, também é preciso levar em consideração que, para fazer do luto uma experiência positiva, este deve percorrer todas as etapas até que você sinta que a ferida cicatrizou completamente. Se isso não acontecer, uma parte sua ficará presa ao passado, o que não lhe permitirá recuperar-se por completo e muito menos reconhecer que das grandes angústias – e mesmo dos golpes mais duros da vida –

sempre haverá aspectos positivos, embora seja difícil reconhecê-los.

Quando é possível considerar o processo de luto concluído

Não é fácil responder a essa pergunta, pois a duração do luto depende de todas as características e circunstâncias que você possa ter enfrentado e das quais falamos ao longo deste livro. No entanto, alguns psicólogos afirmam que o luto pode ser considerado resolvido quando a pessoa se recupera totalmente e é capaz de falar do ente querido sem se abalar. Outros o consideram concluído quando a pessoa volta a mostrar interesse pela vida.

O certo é que, com o tempo, quando a dor estiver cessada, você voltará a sentir alegria e amor pela vida, por uma vida completa e normal. Saberá que é capaz de enfrentar e de vencer qualquer dificuldade, pois se sente mais forte, mais maduro(a), mais corajoso(a) – uma pessoa nova.

Sumário

CAPÍTULO 1
O luto e as perdas importantes na vida... 9

CAPÍTULO 2
Aspectos que tornam o luto menos doloroso 13

O tipo de perda 14

O grau de afetividade que se tinha
com a pessoa 14

As circunstâncias que cercaram a morte
do ente querido 15

Sua personalidade e a maneira como
enfrentou perdas durante a infância ... 17

CAPÍTULO 3
Etapas do luto 19

Negação da morte 20

Prisioneiro de uma dor aguda 23

A raiva 26

A culpa 28

A depressão 29

Aceitação: recomeçando a viver 30

CAPÍTULO 4

**Luto em decorrência da morte
de um filho** 33

O que dizer ao pai que perdeu o filho ... 37

CAPÍTULO 5

Luto pela morte do cônjuge 39

Como superar o luto pela morte
do cônjuge 42

CAPÍTULO 6

O processo de luto nas crianças 45

CAPÍTULO 7

Dicas para a elaboração do luto 51

Quatro fases para vencer o processo
de luto 52

Fatores que determinam a superação
do luto 56

Sugestões para superar um processo
de luto mal resolvido 61

Capítulo 8

O crescimento a partir do luto 63

Quando é possível considerar o processo
de luto concluído 66

Impresso na gráfica da
Pia Sociedade Filhas de São Paulo
Via Raposo Tavares, km 19,145
05577-300 - São Paulo, SP - Brasil - 2013